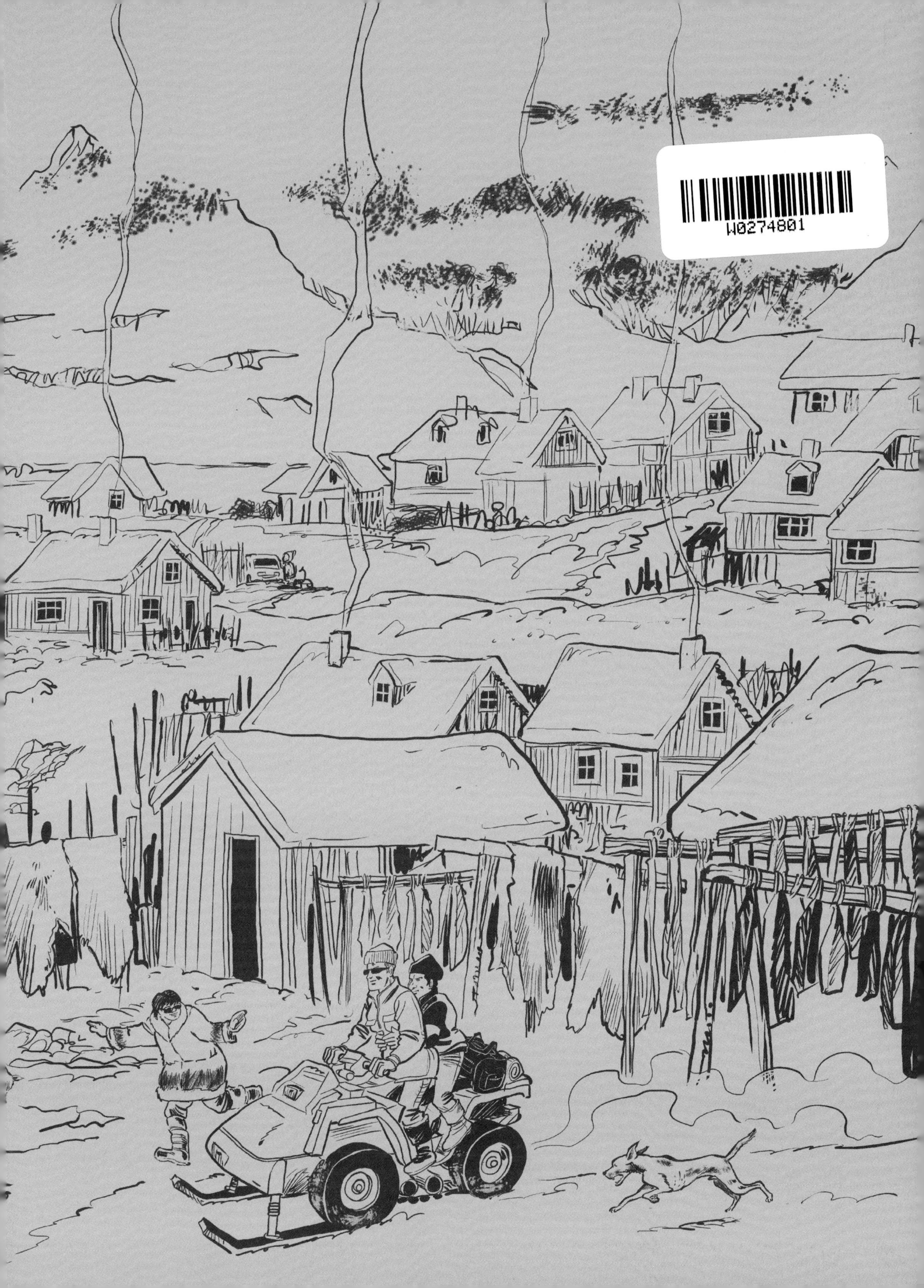

Ushuaïa

LES AVENTURES DE NICOLAS HULOT

TOME 2 - LA PEUR BLANCHE

scénario

PASCAL BRESSON

dessin

CURD RIDEL

couleurs

PIERRE SCHELLE & SANDRINE FRICOT

Glénat

Pascal Bresson, Nicolas Hulot, Curd Ridel

www.curdridel.com

www.glenatbd.com

Couvent Sainte-Cécile - 37 rue Servan 38000 Grenoble

Dépôt légal : avril 2011
ISBN : 978-2-7234-7784-0
Achevé d'imprimer en Italie en mars 2011 par L.E.G.O. S.p.A.,
sur papier provenant de forêts gérées de manière durable.

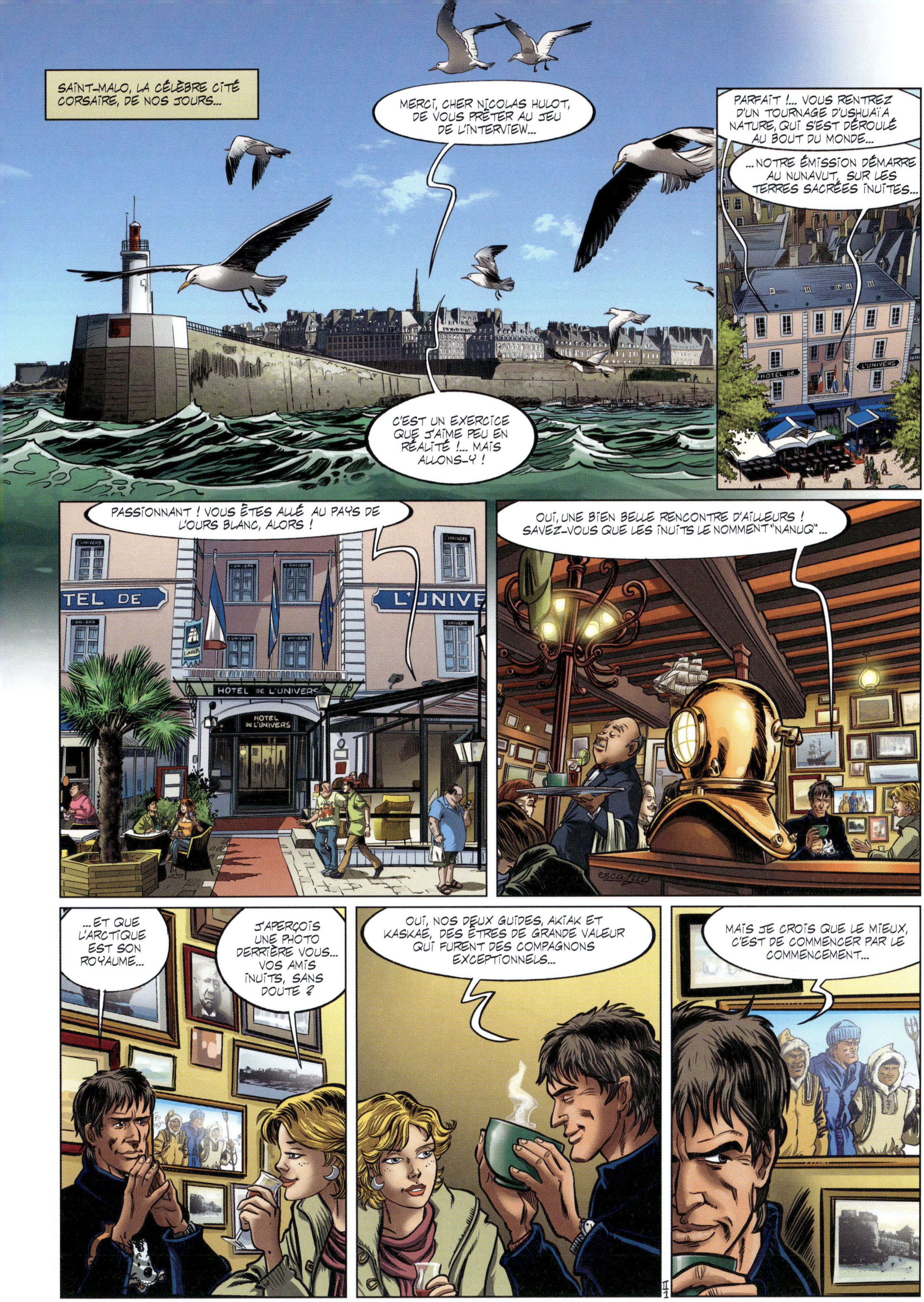
SAINT-MALO, LA CÉLÈBRE CITÉ CORSAIRE, DE NOS JOURS...
MERCI, CHER NICOLAS HULOT, DE VOUS PRÊTER AU JEU DE L'INTERVIEW...
C'EST UN EXERCICE QUE J'AIME PEU EN RÉALITÉ !... MAIS ALLONS-Y !
PARFAIT !... VOUS RENTREZ D'UN TOURNAGE D'USHUAÏA NATURE, QUI S'EST DÉROULÉ AU BOUT DU MONDE...
...NOTRE ÉMISSION DÉMARRE AU NUNAVUT, SUR LES TERRES SACRÉES INUITES...
PASSIONNANT ! VOUS ÊTES ALLÉ AU PAYS DE L'OURS BLANC, ALORS !
TEL DE
L'UNIVE
HOTEL DE L'UNIVERS
OUI, UNE BIEN BELLE RENCONTRE D'AILLEURS ! SAVEZ-VOUS QUE LES INUITS LE NOMMENT "NANUQ"...
...ET QUE L'ARCTIQUE EST SON ROYAUME...
J'APERÇOIS UNE PHOTO DERRIÈRE VOUS... VOS AMIS INUITS, SANS DOUTE ?
OUI, NOS DEUX GUIDES, AKIAK ET KASKAE, DES ÊTRES DE GRANDE VALEUR QUI FURENT DES COMPAGNONS EXCEPTIONNELS...
MAIS JE CROIS QUE LE MIEUX, C'EST DE COMMENCER PAR LE COMMENCEMENT...

NUNAVUT, "NOTRE TERRE" EN INUKTITUT, LA LANGUE INUITE, QUELQUES SEMAINES PLUS TÔT, PAR QUARANTE-DEUX DEGRÉS SOUS ZÉRO...
LE GRAND NORD EST CE QUE NOTRE IMAGINATION D'ENFANT CONNAÎT DE PLUS BLANC ET DE PLUS LOINTAIN. SES PAYSAGES DE GLACE À PERTE DE VUE S'IMPRIMENT À JAMAIS DANS LE SOUVENIR DU VOYAGEUR QUI S'Y AVENTURE...
LE SILENCE SEMBLE RÉGNER, MAIS CACHE UNE VIE RICHE ET INTENSE...
LA BANQUISE, L'ARCTIQUE... L'HOMME, LA FAUNE ET LA FLORE SE DÉVOILENT À QUI SAIT OBSERVER...
IMAGINEZ-VOUS SUR UNE AUTRE PLANÈTE OÙ LES ARBRES N'EXISTENT PAS ET OÙ LE JOUR DURE DES MOIS... UN MONDE OÙ LA BOUSSOLE NE SERT À RIEN ET QUI EN CINQUANTE ANS A FONDU DE QUARANTE POUR CENT !...
BONSOIR ! POUR LA PREMIÈRE FOIS, USHUAÏA NATURE MARCHE SUR L'OCÉAN ! IL EST MINUIT, ET LE SOLEIL BRILLE À QUINZE DEGRÉS AU-DESSUS DE L'HORIZON...
POUR M'ACCOMPAGNER, DEUX GUIDES INUITS, DESCENDANTS DIRECTS DE LA CIVILISATION DE THULÉ. DE GRANDS CHASSEURS DE L'ARCTIQUE ARRIVÉS LÀ IL Y A MILLE ANS. VOICI L'UN DES PLUS ANCIENS CHEFS INUITS, KASKAE, ET SON JEUNE NOVICE AKIAK.

NOUS SUIVRONS LA PISTE DE NANUQ, L'OURS POLAIRE, LE MAÎTRE INCONTESTABLE DE LA BANQUISE ET...
?!!
... À MA GRANDE SURPRISE, L'OURS POLAIRE EST QUALIFIÉ DE MAMMIFÈRE MARIN !...
BRUNO, VISE UN PEU CES DRÔLES DE ZIGOTOS...
... L'EAU EST ESSENTIELLE À SA SURVIE. QU'ELLE SOIT LIQUIDE OU SOLIDE, IL EN A BESOIN POUR SE DÉPLACER. IL SE SENT AUSSI À L'AISE EN NAGEANT QU'EN MARCHANT ET...
STOP, NICOLAS ! ON COUPE ! DÉCIDÉMENT, ON ENTRE ICI COMME DANS UN MOULIN !
ILS SONT PASSÉS DANS LE CHAMP DE LA CAMÉRA ! MAIS QUI SONT CES HOMMES ?
JE NE SAIS PAS. EN TOUT CAS, PAS TRÈS AIMABLES, VU LEURS TÊTES PATIBULAIRES !
REPRENONS, GIL, NOUS SOMMES DÉJÀ JUSTE DANS LE TIMING !
C'EST DONC AU ROYAUME DE NANUQ QU'USHUAÏA NATURE TENTERA DE RÉGLER SON HORLOGE BIOLOGIQUE...
NICOLAS! SURTOUT NE BOUGE PAS! TU...
UN OU... UN OU... UN OURS BLANC!
IL FONCE DROIT SUR NOUS!!!
!!!

AAAH!
GROOOARR
VAS-Y, IVANOV! TUE-LE! C'EST UN GROS!...
OUF! JE L'AI ÉCHAPPÉ BELLE!...
VISE LE COEUR!!!
ЛУИ ДЕ ФЮНЕС!
PAW!
AKIAK!!!
VOUS, LES HÉROS, UN SEUL GESTE ET JE FAIS FEU!...

PAS TUER NANUQ !
PRENDS ÇA !!!
AAAH !
PLUS UNE SECONDE À PERDRE ! IL FAUT AGIR OU ILS VONT S'ENTRE-TUER !
TZAK
ÇA SUFFIT, AKIAK ! REPRENDS-TOI ! ÇA NE VAUT PAS LE COUP !...
VOUS NE PERDEZ RIEN POUR ATTENDRE ! NE SOYEZ PLUS SUR MON CHEMIN ! UN ACCIDENT EST SI VITE ARRIVÉ DANS CETTE RÉGION ! HA ! HA ! HA !
QUE VOULAIENT CES HOMMES ? VOUS LES CONNAISSEZ ?
CE SONT DES TUEURS D'OURS ! DES TRAPPEURS SOVIÉTIQUES SANS FOI NI LOI À LA SOLDE DE RICHES TOURISTES RÊVANT DE TROPHÉES !
TU SAIS, NICOLAS, L'OURS BLANC TIENT UNE PLACE IMPORTANTE DANS NOS CROYANCES INUITES. CET ANIMAL EST SACRÉ ! NOUS AVONS UN PROFOND RESPECT POUR NANUQ, LE MAÎTRE DES OURS POLAIRES...
NOUS L'ADMIRONS POUR SA FORCE ET SON INGÉNIOSITÉ !...
TOUT... TOUT VA BIEN, LES AMIS ?!?

SELON UNE ANCIENNE LÉGENDE, IL SUFFISAIT AUX OURS D'ENLEVER LEUR PEAU POUR SE TRANSFORMER EN HUMAINS! ET INVERSEMENT, UN HOMME QUI REVÊTAIT UNE PEAU D'OURS DEVENAIT LUI-MÊME UN OURS !...
JE N'AIME PAS TROP LES LÉGENDES, MOI !*
L'OURS PEUT ÊTRE AUSSI UN ESPRIT MALÉFIQUE ET UN MESSAGER DE VENGEANCE ET DE MORT...
HUM HUM... HEU... TOUT VA BIEN, LES AMIS ?
*LIRE LE TRÉSOR DES MOAÏ.
AH ! VOUS VOILÀ ! VOUS ARRIVEZ APRÈS LA BATAILLE !
IL FALLAIT PROTÉGER LE MATÉRIEL ! QUAND L'OURS NOUS A FONCÉ DESSUS, ÇA... HEU... ENFIN, TU COMPRENDS !...
ÇA NOUS RAPPELÉ L'AFRIQUE ! SOUVIENS-TOI LA FOIS OÙ L'ÉLÉPHANT NOUS A COURSÉS ET A PIÉTINÉ TOUT NOTRE MATOS ! ALORS, ON S'EST DIT...
VOUS AVEZ BIEN FAIT ! HA HA HA !...
SI VOUS AVIEZ VU CETTE BAGARRE ! LE JEUNE AKIAK NOUS A ÉPATÉS !
OUAIS ! MÊME QU'IL S'EST BATTU COMME UN FAUVE !
C'EST DANS LA BOÎTE ! DENIS A FILMÉ UNE PARTIE DE LA SÉQUENCE AVEC L'OURS ! FRISSONS GARANTIS ! ON PEUT PLIER BAGAGES...
EN AVANT POUR DE NOUVELLES IMAGES, IL Y A ENCORE TANT DE CHOSES À DÉCOUVRIR...

L'ÉQUIPE D'USHUAÏA NATURE SE DIRIGE VERS LE FLOE EDGE, FRONTIÈRE ENTRE LA BANQUISE ET L'EAU LIBRE, AFIN D'Y PERCER LE MYSTÈRE DE LA LICORNE DES MERS...
...ENCORE HUIT HEURES À PARCOURIR UNE PLAINE GELÉE TRÈS CHAOTIQUE, POUR EFFECTUER LES CENT KILOMÈTRES À VENIR...
...LA CARAVANE MOTORISÉE TRAVERSE LA GLACE DE MER. LA PRUDENCE EST DE MISE, LES FISSURES LACÉRANT LA BANQUISE SONT MULTIPLES...
...LES IMMENSES ICEBERGS SONT MAJESTUEUX ET LES FALAISES MONUMENTALES...
SOUDAIN...
?!
AKIAK!
HAAAAA!!

RIEN DE CASSÉ, AKTAK ?
IL N'A PAS L'AIR DANS SON ÉTAT NORMAL !
NICOLAS, REGARDE ! LA PEUR SE LIT SUR SON VISAGE !
LÀ !... LÀ !...
LÀ ! AU PIED DE CET INUKSUK !...
UN CRÂNE D'OURS ! ÇA ANNONCE UN MALHEUR ! QUELQU'UN VA MOURIR !
GRRRR
SNIF... SNIF...
JE SAIS PAR EXPÉRIENCE QU'IL NE FAUT PAS CROIRE À TOUS CES MAUVAIS PRÉSAGES !
LES ESPRITS HANTENT CES LIEUX, NICOLAS ! ...
LES INUITS N'ONT PAS DE DIEUX. NOUS CROYONS SEULEMENT AUX ESPRITS, COMME À NANUQ, LE MAÎTRE DES OURS ! CE CRÂNE DÉPOSÉ AU PIED DE CET EMBLÈME EST UNE FAÇON DE NOUS AVERTIR D'UN DANGER !...
LES CHAMANS VEILLENT SUR NOUS ! CES EMPILEMENTS DE PIERRES ÉRIGÉS PAR LES INUITS SONT ICI DEPUIS LA NUIT DES TEMPS...
WAOUUUU...
OUI, COMME POUR RAPPELER AUX INCRÉDULES QUE CES TERRITOIRES APPARTIENNENT BIEN À UN PEUPLE ET À LEUR CULTURE...
EN TOUT CAS, CELA NE M'IMPRESSIONNE PAS ! ALLEZ, EN ROUTE...
NICOLAS, LE CIEL S'ASSOMBRIT ET IL COMMENCE À NEIGER ! IMPROVISONS VITE UN CAMP DE BASE UN PEU PLUS BAS, LOIN DE CE TRISTE ENDROIT...
SAGE DÉCISION ! ARQUNAQ✻ VA SE DÉCHAÎNER DANS PEU DE TEMPS !...
✻ : TEMPÊTE DE NEIGE.

GRRAAAUUWWW GRRRAAUUUWWWWWW
ÉCOUTEZ CES RUGISSEMENTS... ÇA SEMBLE VENIR DES HAUTEURS !...
SÛREMENT LE VENT QUI SE LÈVE !...
?
GRRRAUUWWW GRRRRAAUUUW
... LE VENT, PEUT-ÊTRE... OU L'ESPRIT DE NANUQ !...
ICI C'EST LE ROYAUME DE NANUQ, OÙ LE NATUREL CROISE PARFOIS LE SURNATUREL... LES ESPRITS CHERCHENT LE CONTACT ET CE N'EST PAS DANS LEURS HABITUDES !
MOUAIS... LES ESPRITS ONT BON DOS, MAIS TOUT CELA NE MÈNE À RIEN !...
EN AVANT !
VRROOOOOOOOOOO
PRUDENCE, PRUDENCE... LES CONDITIONS SONT VRAIMENT ÉPOUVANTABLES ! IL FAUT ABSOLUMENT S'ARRÊTER !
OUI... OUII... J'AI... MAL AU COEUUR !
CAMPONS DERRIÈRE CES GLACIERS ! ILS NOUS PROTÉGERONT DU VENT... DRESSONS VITE LES TENTES, SINON ON VA GELER SUR PLACE !...
ET AUSSITÔT, TOUTE L'ÉQUIPE S'AFFAIRE DANS UNE ORGANISATION PARFAITEMENT MAÎTRISÉE...
AAAAH !

(1) SOYEZ LES BIENVENUS. (2) C'EST DÉLICIEUX !

VOICI DES KULPTROKS.
DE DÉLICIEUX AMUSE-GUEULE ! MAMARTUQ(1), MES AMIS !...
CELA ME PARAÎT PLUS APPÉTISSANT QUE LA VIANDE DE PHOQUE CRUE !
CROC
HUM... MAIS, MA PAROLE, CE N'EST PAS MAUVAIS ! DIS-MOI VITE CE QUE C'EST, KASKAE ?
C'EST UNE FRIANDISE TRÈS APPRÉCIÉE DES INUITS ! DE PETITES LARVES DE MOUCHE PONDUES SUR LA VIANDE SÉCHÉE !
AHAHAH !
(1) GOÛTEZ.
AAARGH! QUELLE HORREUR !
BONNE NUIT, ET NE VEILLEZ PAS TROP TARD... DEMAIN ON A RENDEZ-VOUS AVEC LE FLOE EDGE !
POUARK !!!...
TAISEZ-VOUS ! IL Y A DES BRUITS ÉTRANGES DEHORS, ET CE N'EST PAS LE VENT !...
C'EST LE YÉTI ! IL VIENT TE CHERCHER ! GROOOAAR !
OOMPFF GROOOOOMPFF GROOOOMPFF GROMPF
PETIT CHOU ! NE BLAGUE PAS AVEC CES CHOSES-LÀ !
NE T'INQUIÈTE PAS, VÉRO ! C'EST DENIS QUI RONFLE DANS L'AUTRE TENTE ! PLUS FORT QUE LUI, 'Y A PAS !
GROOMPF GROOOMPF GROOMPFFF
À QUI LE DIS-TU, PETIT CHOU !
CHICHE QUE JE DÉBALLE MON MATOS ET QUE JE L'ENREGISTRE !!!

APRÈS QUELQUES PETITES HEURES DE RÉPIT...
BIEN DORMI, COMMANDANT COUCHE-TÔT ?
NON, SEULEMENT TROIS HEURES !
... ET PAS MOYEN DE RÉVISER MES FICHES AVEC CE FROID ! BAH... J'IMPROVISERAI LE MOMENT VENU...
TOI PAR CONTRE, ÇA N'A PAS L'AIR D'ALLER... T'AS UNE TÊTE À FAIRE PEUR ! ET... ET JE NE VOIS PAS NOTRE BRUNO...
BRUNO ?...
BRUNO EST MALADE !
CET AKIAK NOUS A INTOXIQUÉS ! MAUX DE VENTRE ET VOMISSEMENTS, NOUS AVONS ÉTÉ VICTIMES DE SES "KULPIROKS" !!!
HOUHOU ! NICOLAS, TOUT VA BIEN !...
HA ! HA ! HA ! VOUS AVEZ VOULU ÊTRE DE VRAIS AVENTURIERS EN VOUS PLIANT AUX COUTUMES LOCALES !...
FAUT ASSUMER ! HA HA HA !
LE RESTE DE L'ÉQUIPE EST PARTI TÔT POUR QUELQUES PRISES DE VUES AVEC KASKAE...
AI,(1) NICOLAS !
AH... V'LÀ L'EMPOISONNEUR !
ALLEZ, EN ROUTE, REJOIGNONS VOS AMIS ! JE CONNAIS BIEN LES ENVIRONS, JE VOUS RÉSERVE UNE SURPRISE DE TAILLE !...
EN INUIT, AKIAK SIGNIFIE BRAVE ! TU PORTES BIEN TON NOM !...
(1) BONJOUR.
PENDANT CE TEMPS, NON LOIN DE LÀ...

TIENS TIENS... MÊME AU SOMMET DU GLOBE, ON FAIT DES RENCONTRES...
CAMARADES, VOUS AIMEZ L'ACTION ET LES SENSATIONS FORTES ? VOUS ALLEZ ÊTRE SERVIS !
VOICI FACE À NOUS LES IMBÉCILES QUI VOUS ONT FAIT PERDRE VOTRE PLUS BELLE PRISE !...
JE LES AVAIS POURTANT PRÉVENUS DE NE PAS SE TROUVER SUR NOTRE CHEMIN !...
QUE FAISONS-NOUS, PROFESSEUR ?
METTEZ À L'EAU LE ZODIAC ET AMUSEZ-VOUS !
SOYEZ ORIGINAUX DANS VOS INITIATIVES, ET SURTOUT QU'ILS NE SE CROIENT PAS TIRÉS D'AFFAIRE !
IL S'ÉLOIGNE... ON AURAIT DIT UN DRAPEAU RUSSE !
AH ! VOILÀ NICOLAS !
NICOLAS, C'EST MA SURPRISE ! JE TE PRÉSENTE LES AIVIQ, NOS GÉANTS DES GLACES !
FABULEUX ! TOUTE UNE FAMILLE DE MORSES...
C'EST BON POUR L'INTRODUCTION DE L'ÉMISSION, AVEC QUELQUES SÉQUENCES D'ENSEMBLE. COMME ILS SONT CALMES, JE TE PROPOSE DE T'EN APPROCHER DISCRÈTEMENT AVEC LE PETIT BATEAU GONFLABLE...
TRÈS BONNE IDÉE, YAZID ! DE BELLES IMAGES POUR IMMORTALISER DE BELLES RENCONTRES ! C'EST ÇA LA MAGIE D'USHUAÏA...
HEU... OUI, POURQUOI PAS ! MAIS NE SONT-ILS PAS TROP CRAINTIFS ? ET C'EST QUOI, LE PLAN B S'ILS ATTAQUENT ? QU'EN PENSEZ-VOUS, MES AMIS INUITS ?...
DÉJÀ TU ÉVITES DE TOMBER À L'EAU, CAR LES GLACES T'EMPÊCHERAIENT DE NAGER ET POURRAIENT T'ÉCRASER...
CES MAMMIFÈRES PÈSENT AU MOINS UNE TONNE... LE MORSE EST REDOUTÉ POUR SA FORCE ET SON AGRESSIVITÉ ! PARFOIS IL ATTAQUE L'OURS BLANC, ET MÊME L'ÉPAULARD !
MAIS SOIS RASSURÉ, NICOLAS, NOUS CONNAISSONS CES DANGERS... NOUS VEILLERONS SUR TOI !

NICOLAS, FAIS QUAND MÊME ATTENTION ! REVIENS-NOUS ENTIER !
T'INQUIÈTE PAS, MAMAN. HA HA HA !...
DENIS FILMERA TON DÉPART EN DIRECTION DES MORSES. UNE CAMÉRA MINIATURE EST ATTACHÉE À L'AVANT DU BATEAU AINSI QU'UN MICRO LONGUE PORTÉE. ON SUIVRA EN DIRECT TES COMMENTAIRES. D'APRÈS CHRISTIAN, LE SON EST IMPECCABLE...
MERCI, LES PROS !...
BONJOUR ! IL EST SIX HEURES DU MATIN, LE SOLEIL EST DÉJÀ HAUT. POUR USHUAÏA NATURE, JE PARS À LA RENCONTRE DES ODOBENUS ROSMARUS, CE QUI VEUT DIRE "CEUX QUI MARCHENT AVEC LEURS DENTS"...
DANS LA MYTHOLOGIE INUITE, LE MORSE TIENT UNE PLACE PRÉDOMINANTE DANS LE BESTIAIRE DES CHAMANS, TOUT UN SYMBOLE EN ARCTIQUE...
... LE MORSE ADULTE NE CRAINT AUCUN PRÉDATEUR ! SES CANINES EN FORME DE SABRE LUI SERVENT À SE HISSER SUR LA GLACE, À S'IMPOSER AU SEIN DU GROUPE, ET SURTOUT À DÉFENDRE SA PROGÉNITURE...
... AVEC SA TÊTE, IL EST CAPABLE DE BRISER UNE ÉPAISSEUR DE GLACE POUR POUVOIR RESPIRER ! IL SE NOURRIT DE VERS, DE CRUSTACÉS ET DE POISSONS LENTS... APPROCHONS-NOUS, L'AMBIANCE SEMBLE SEREINE...
JE NE VAIS PAS ME RISQUER À LES DÉRANGER ! PLUS ON CONTEMPLE LA NATURE, PLUS ELLE SE RÉVÈLE SUBTILE ET RESPECTABLE...
VROOOOOOOO
?!!
ENCORE CES CANAILLES !
VOILÀ CE QUE JE REDOUTAIS, ET...

LA CHASSE EST OUVERTE ! HAHAHA !...
!!!
LES LÂCHES !
HA HA HA !... TIRE EN L'AIR, CAMARADE ! CES GROS MASTODONTES EFFRAYÉS VONT LE FAIRE CHAVIRER ET L'ÉCRASER !
TAKATATATATATA
ILS TIRENT SUR NICOLAS !... DES FOUS ?!!
ON NE PEUT PAS FAIRE GRAND-CHOSE !...
MAIS OÙ SONT PASSÉS AKIAK ET KASKAE ?
WOUAH ! WOUAH !!!
KASKAE, IL FAUT Y ALLER !
NON NON ! ATTENDONS QU'ILS CESSENT LEUR TIR ET NOUS AGIRONS !
ALORS AGISSONS TRÈS VITE ! REGARDE, L'AIVIQ VIENT DE SURGIR ET SE DIRIGE VERS NICOLAS !...
AAAAH !!!
PLOUF
AAAA
À... À L'AIDE ! JE... JE N'EN PEUX PLUS ! TROP... TROP FROID !!!

TUMP!
JE CROIS BIEN QU'IL A SON COMPTE!
RENTRONS MAINTENANT!
LE MORSE L'A COULÉ!!!
VITE! IL NE RESTE QUE PEU DE TEMPS!!!
HA HA HA HA HA!
VROOOOOOOOO
NON! C'EST PAS VRAI! IL REVIENT À LA CHARGE SUR NICOLAS!...
CETTE FOIS C'EST LA FIN!
KASKAE! TON HARPON!
ATTENTION À NICOLAS, SURTOUT!
AKIAK, TIENS BIEN CETTE CORDE! TENDS-LA AU MAXIMUM!...
ATTENTION À TOI, KASKAE!

(1) J'AI FROID ! (2) AU REVOIR AKIAK !

APRÈS UN SAUVETAGE DIFFICILE...
BRAVO POUR VOTRE COURAGE ! VOUS N'AVEZ PAS HÉSITÉ À RISQUER VOTRE VIE, VRAIMENT MERCI !
JE SUIS QUAND MÊME INQUIET ! MALGRÉ QU'IL SE SOIT UN PEU RÉCHAUFFÉ, SA RESPIRATION EST TRÈS FAIBLE !... IL EST EN ÉTAT DE CHOC !
MON BRUNO, C'EST GRAVE... IL VA FALLOIR FAIRE DES PROUESSES !
NE T'INQUIÈTE PAS, VÉRO, J'AI MIEUX QU'UN MIRACLE ! UN GÉMEAUX NE RENONCE JAMAIS !
NE T'INQUIÈTE PAS, MON NICOLAS... ÇA NE VA PAS FAIRE MAL...
VOICI L'UN DE MES REMÈDES SECRETS ! CES AMPOULES, CONTIENNENT DE QUOI REQUINQUER TOUT UN RÉGIMENT !
RHAAAAAA
D... DO... DOCTEUR PIQUE-TOUTES ?!?
TU AS ENCORE FAIT DES MIRACLES, DOCTEUR PIQUE-TOUTES !!!
DOCTEUR PIQUE-TOUTES ? C'EST QUOI CETTE HISTOIRE ?
HEU... JE... JE VOUS RACONTERAI UN JOUR !
EN ATTENDANT, ON EST CONTENTS DE TE REVOIR PARMI NOUS, NICOLAS !
CE NICOLAS HULOT EST PROTÉGÉ PAR L'ESPRIT DE NANUQ ! UN HOMME NORMAL N'AURAIT PAS TENU PLUS DE DIX MINUTES DANS CETTE EAU GLACÉE...

AU MÊME MOMENT, AU FLOE EDGE, UN CAMP DE BASE A ÉTÉ MONTÉ PAR LAURENT ET CYRIL, L'ÉQUIPE DE PLONGÉE D'USHUAÏA NATURE...
RICKY, UN APPEL DE VÉRO PAR LIAISON RADIO M'ANNONCE QUE NICOLAS A FRÔLÉ LA MORT ! JE N'EN SAIS PAS PLUS, MAIS ELLE NOUS DEMANDE DE TOUT PRÉPARER POUR LES ACCUEILLIR D'ICI À DEUX HEURES...
DEUX HEURES ! JUSTE LE TEMPS POUR LAURENT DE CAPTURER LE GRAND SQUALE DES PROFONDEURS...
LA RICHESSE DE L'ARCTIQUE NE SAUTE PAS AUX YEUX... ELLE SE CACHE SOUS LA BANQUISE ET DÉVOILE À QUI SAIT LA REGARDER UN INCROYABLE RÉSERVOIR DE BIODIVERSITÉ...
... FILMER DANS LES EAUX GLACÉES PROCHES DE 0°C N'EST PAS CHOSE FACILE... LAURENT ET CYRIL, DEUX PLONGEURS CHEVRONNÉS, SONT À LA RECHERCHE DU REQUIN DES GLACES...
... ET IL SERAIT TEMPS DE LE TROUVER !
IL APPARTIENT À LA FAMILLE DES REQUINS DORMEURS ET EST AUSSI PRÉSENT DE L'AUTRE CÔTÉ DE LA PLANÈTE, EN ANTARCTIQUE...
... DONC C'EST UN GRAND VOYAGEUR.
...À CE JOUR, ON SAIT DE LUI QU'IL ÉVOLUE EN PROFONDEUR ET SE NOURRIT DE PHOQUES ENTIERS, QUE L'ON A DÉJÀ RETROUVÉS DANS SON ESTOMAC !
ENFIN IL EST LÀ ! C'EST EXTRA...
IL FAUT LE RABATTRE VERS LES LIGNES POUR LE CAPTURER...

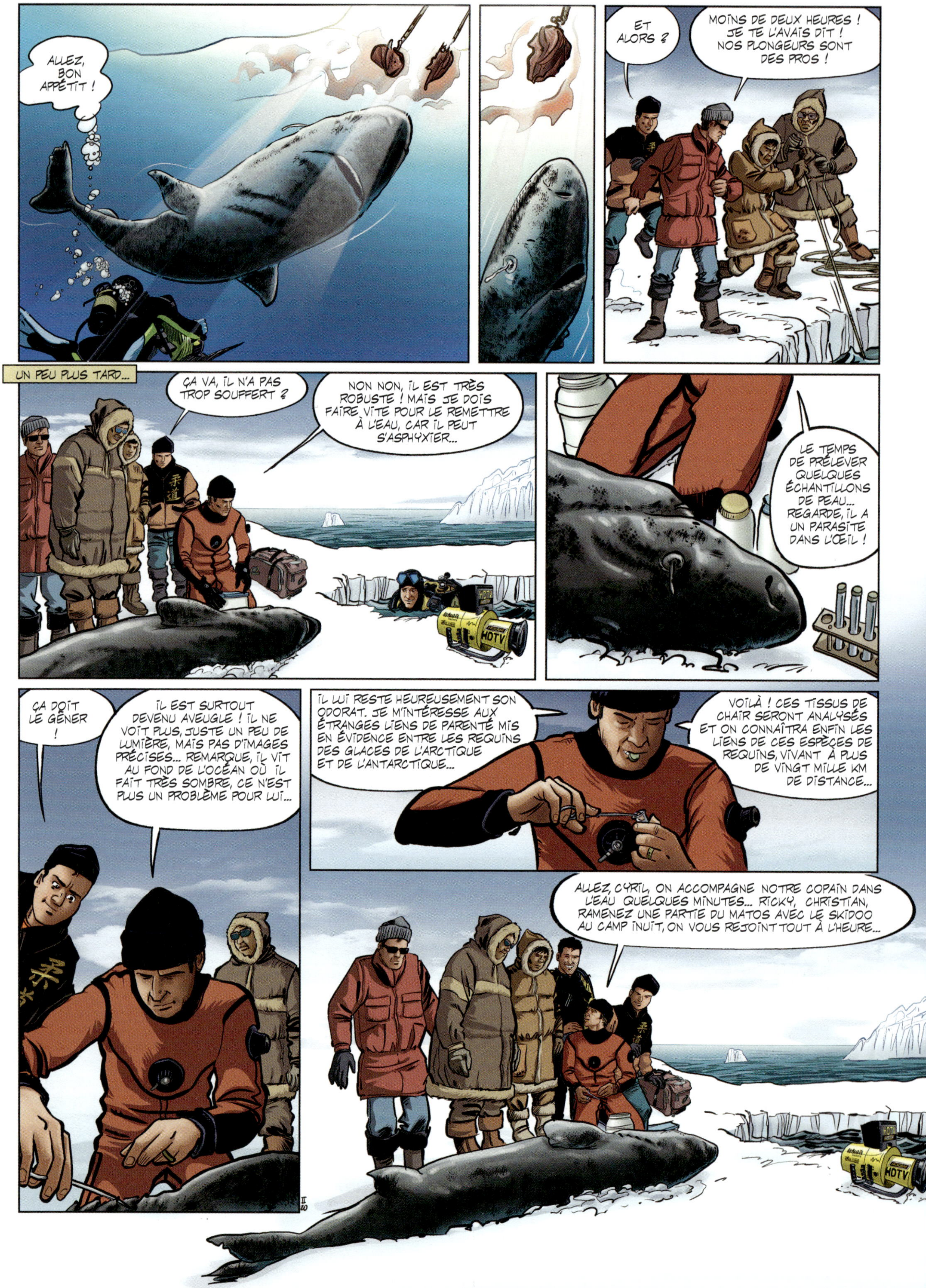
ALLEZ, BON APPÉTIT !
ET ALORS ?
MOINS DE DEUX HEURES ! JE TE L'AVAIS DIT ! NOS PLONGEURS SONT DES PROS !
UN PEU PLUS TARD...
ÇA VA, IL N'A PAS TROP SOUFFERT ?
NON NON, IL EST TRÈS ROBUSTE ! MAIS JE DOIS FAIRE VITE POUR LE REMETTRE À L'EAU, CAR IL PEUT S'ASPHYXIER...
LE TEMPS DE PRÉLEVER QUELQUES ÉCHANTILLONS DE PEAU... REGARDE, IL A UN PARASITE DANS L'ŒIL !
ÇA DOIT LE GÊNER !
IL EST SURTOUT DEVENU AVEUGLE ! IL NE VOIT PLUS, JUSTE UN PEU DE LUMIÈRE, MAIS PAS D'IMAGES PRÉCISES... REMARQUE, IL VIT AU FOND DE L'OCÉAN OÙ IL FAIT TRÈS SOMBRE, CE N'EST PLUS UN PROBLÈME POUR LUI...
IL LUI RESTE HEUREUSEMENT SON ODORAT. JE M'INTÉRESSE AUX ÉTRANGES LIENS DE PARENTÉ MIS EN ÉVIDENCE ENTRE LES REQUINS DES GLACES DE L'ARCTIQUE ET DE L'ANTARCTIQUE...
VOILÀ ! CES TISSUS DE CHAIR SERONT ANALYSÉS ET ON CONNAÎTRA ENFIN LES LIENS DE CES ESPÈCES DE REQUINS, VIVANT À PLUS DE VINGT MILLE KM DE DISTANCE...
ALLEZ, CYRIL, ON ACCOMPAGNE NOTRE COPAIN DANS L'EAU QUELQUES MINUTES... RICKY, CHRISTIAN, RAMENEZ UNE PARTIE DU MATOS AVEC LE SKIDOO AU CAMP INUIT, ON VOUS REJOINT TOUT À L'HEURE...

EN FIN DE JOURNÉE À ARTIC BAY, VILLAGE INUIT DU NUNAVUT...
ENFIN ! ÇA FAIT DU BIEN D'ÊTRE ARRIVÉS, UN PEU DE CIVILISATION !... TIENS, VOILÀ RICKY ET CHRISTIAN ! UN COUP DE MAIN POUR DÉCHARGER LE MATOS NE SERAIT PAS DE REFUS !
CHUT ! NE FAITES PAS TROP DE BRUIT ! NICOLAS S'EST ENDORMI...
ALORS, VÉRO, IL PARAÎT QUE VOUS VOUS ÊTES FAIT TIRER DESSUS ? QUE S'EST-IL PASSÉ EXACTEMENT ?
ET NICOLAS ? IL VA BIEN AU MOINS ?
IL RÉCUPÈRE AU CHAUD. IL EST HORS DE DANGER, MAIS SON SOMMEIL EST AGITÉ. IL A VRAIMENT PASSÉ UN MAUVAIS MOMENT...
LE TEMPS QUE NICOLAS SE REMETTE SUR PIED, ON STOPPE LE TOURNAGE. QUARTIER LIBRE POUR TOUT LE MONDE...
T'ENTENDS ÇA, MON BRUNO ?
HÉ HÉ HÉ ! CE N'EST PAS TOMBÉ DANS L'OREILLE D'UN SOURD !
UN PEU PLUS TARD...
JE BOIRAIS BIEN QUELQUE CHOSE DE CHAUD... DITES-MOI, S'IL VOUS PLAÎT, Y A-T-IL UNE TARVERNE DANS LE COIN ?
PAR ICI, ANGUTIK(1) ! HA HA !
LES ÉTRANGERS ONT SOIF !

(1) HOMMES.

(1) PAUL-ÉMILE VICTOR, SCIENTIFIQUE ET EXPLORATEUR POLAIRE (28 JUIN 1907/7 MARS 1995).

(1) COMMENT ALLEZ-VOUS ?

... DEPUIS PEU NOUS AVONS L'AUTONOMIE DE NOS TERRITOIRES, ET LA FERME INTENTION DE PRENDRE NOTRE DESTIN EN MAIN. NOUS DÉFENDONS NOS TRADITIONS, SANS LESQUELLES NOUS NE SERIONS PLUS RIEN !
LA CHASSE ET LA PÊCHE SONT LE FONDEMENT DE NOTRE CIVILISATION. MAIS AUJOURD'HUI, LA CONFRONTATION AVEC LE MONDE MODERNE EST DÉSTABILISANTE...
... NOTRE INQUIÉTUDE EST GRANDE ! NOUS SOMMES CONFRONTÉS À DE NOUVEAUX FLÉAUX. D'UN CÔTÉ, DES HOMMES VIENNENT DU MONDE ENTIER POUR EXTERMINER L'OURS ! QU'ILS APPELLENT L'OR BLANC !...
... ET DE L'AUTRE, CES MÊMES OURS SONT VICTIMES DU RÉCHAUFFEMENT CLIMATIQUE... LEURS TERRAINS DE CHASSE DIMINUENT, CE QUI MET INEXORABLEMENT LEUR VIE EN PÉRIL...
'BOUGE PAS, MON BRUNO !...
... S'ILS VENAIENT À DISPARAÎTRE, CE SERAIT UNE CATASTROPHE ! ILS CONSTITUENT POUR NOTRE POPULATION UNE SOURCE DE REVENUS NON NÉGLIGEABLE ! LE GOUVERNEMENT LOCAL NOUS AVAIT ENVOYÉ PIOTR POPOROV, LE SEUL SCIENTIFIQUE CAPABLE DE NOUS AIDER ! IL AVAIT, PARAÎT-IL, LA SOLUTION...
... MAIS CE DERNIER A DISPARU DANS UN ACCIDENT D'AVION LA SEMAINE DERNIÈRE ! NICOLAS, LE GRAND ESPRIT DE NANUQ EST EN COLÈRE ! IL ME PARLE ! JE DOIS SAUVER MON PEUPLE...
DES... DES CRIS D'ENFANTS ?!?
ÇA VIENT DE DEHORS ! ALLONS VOIR !...

QUE SE PASSE-T-IL ?!?
DES RIRES D'ENFANTS !... JE PRÉFÈRE ÇA !
IL Y A UN DRÔLE DE MONSIEUR SOUS LA COUVERTURE !
ON DIRAIT QU'IL EST MALADE ! IL FAIT DU BRUIT AVEC SA BOUCHE !
NICOLAS, ON VA APPELER NOTRE GRAND CHAMAN !
ET AUSSI BRUNO, NOTRE MÉDECIN ! IL EST TRÈS EFFICACE !
RESTEZ CALME, ON VA S'OCCUPER DE VOUS...
PAS... PAS LA PEINE, NICOLAS ! LE MÉDECIN EST ICI !
C'EST RIEN, NICOLAS, C'EST BRUNO !... IL NE DIGÈRE PAS LE SANG DE PHOQUE CHAUD !
JE COMPRENDS !
BEUARK !!!
HA HA HA HA HA HA HA HA HA !
HEU !... NICOLAS, PEUX-TU VRAIMENT FAIRE QUELQUE CHOSE POUR NOUS ?
RASSURE-TOI, ATANEQ, JE VAIS Y RÉFLÉCHIR AVEC MON ÉQUIPE, ON TROUVERA BIEN UNE SOLUTION POUR AIDER TON PEUPLE À SAUVER NANUQ...

L'ÉQUIPE D'USHUAÏA NATURE, BIEN REPOSÉE REPREND ENFIN LE TOURNAGE DE L'ÉMISSION...
DANS LA QUIÉTUDE ARCTIQUE ON ENTEND LA GLACE SE FRACTURER, SE FISSURER... ON PERÇOIT LE BRUIT DE LA BANQUISE EN DÉCOMPOSITION QUI S'ÉMIETTE...
...ON CRAINT À CHAQUE INSTANT DE VOIR LE SOL SE DÉROBER SOUS NOS PIEDS ! PUIS CETTE ABSENCE DE COULEURS ET DE VÉGÉTATION, C'EST L'ÉCOSYSTÈME LE PLUS SURPRENANT QUE JE CONNAISSE ET LE PLUS MÉRITANT QUI SOIT, PARCE QU'IL EST AVANT TOUT UN PRODIGE D'ADAPTATION.
TOUT ICI PEUT CHANGER TRÈS RAPIDEMENT, À COMMENCER PAR LE CLIMAT...
CE PAYSAGE EST UN SPECTACLE MAGNIFIQUE DONT NOUS SOMMES LES SPECTATEURS PRIVILÉGIÉS... NOUS SURVOLONS CE GRAND PLATEAU BLANC, OCÉAN OÙ LE LIQUIDE ET LE SOLIDE SE CONFONDENT...
...NOUS CHOISISSONS CETTE RÉGION DU GRAND NORD EN CETTE PÉRIODE CAR LORSQUE LA GLACE SE FRACTURE EN DE LONGS CHENAUX...
...LES NARVALS TENTENT DE SE RAPPROCHER DES CÔTES OÙ LA NOURRITURE EST LA PLUS ABONDANTE. C'EST À CET ENDROIT QUE NOUS LEUR DONNERONS RENDEZ-VOUS...
CHRISTIAN, EST-CE QUE ÇA VA POUR LE SON ?
PAS DE PROBLÈME... JE ZOOME SUR TON VISAGE... TU PEUX REPRENDRE !
J'AI ICI UNE PENSÉE TOUTE PARTICULIÈRE POUR LES GRANDS EXPLORATEURS DE CES TERRES POLAIRES, QUI INCARNERONT TOUJOURS LE SOUFFLE DE L'AVENTURE...
PARFAIT !
...CEUX-LÀ MÊMES QUI ONT FOULÉ CE CONTINENT ARCTIQUE, ET EN PARTICULIER PAUL-ÉMILE VICTOR, MON TRÈS CHER AMI, À QUI JE DÉDIE CETTE EXPÉDITION...

CHRISTIAN, ACTIVE LA CINÉFLEX EN BAS À DROITE ! 'Y A DU MOUVEMENT...
O.K., GIL !...
JE ZOOME AU MAXIMUM... ÇA TE CONVIENT, GIL ?
ILS NOUS ONT VUS ET ILS N'ONT PAS L'AIR D'APPRÉCIER ! REGARDE...
BRATATATATATATATA
Франция!
AÏE ! ILS NOUS TIRENT DESSUS ! PLEINS GAZ, PILOTE, ON DÉCAMPE D'ICI !
JE CROIS QUE NOUS SOMMES TOUCHÉS À L'ARRIÈRE, AU ROTOR DE QUEUE ! LES COMMANDES NE RÉPONDENT PLUS ! J'AI DU MAL À REDRESSER !...
MAIS... ILS SONT DEVENUS FOUS !!! ILS FONCENT SUR MOI ! GIL ! CHRISTIAN !... QUE SE PASSE-T-IL ?!! RÉPONDEZ !!!
JE VAIS ÊTRE BROYÉ ! CHRISTIAN ! GIL !...
TROP TARD !!!

TU PEUX ROUVRIR LES YEUX, CHRISTIAN !
YESSSSS ! C'EST UN MIRACLE ! L'APPAREIL RÉPOND ENFIN ! HAHAHA !
AAAAH !!!
IL S'EN EST FALLU DE PEU ! ON A BIEN FAILLI PERCUTER NICOLAS !
LA PROCHAINE FOIS, J'EXIGE UNE DOUBLURE POUR CETTE FIGURE AÉRIENNE !...
LES GARS, VOUS M'ENTENDEZ ?!... SI C'EST UNE BLAGUE, ÇA VA SE PAYER CHER !!!
MILLE EXCUSES, NICOLAS ! DES FOUS FURIEUX NOUS ONT TIRÉ DESSUS COMME SUR DES LAPINS ! LE ROTOR DE QUEUE NE RÉPOND PLUS, NOUS RENTRONS D'URGENCE...
PRÉVENEZ IMMÉDIATEMENT VÉRO ET YAZID DE VOTRE SITUATION ! CERTAINEMENT CES MAUDITS RUSSES ! CE NE SONT PAS DES ENFANTS DE CHŒUR, ILS PRÉPARENT SANS DOUTE ENCORE UN MAUVAIS COUP...
NON LOIN DE LÀ, DU CÔTÉ DE LA BAIE DE LANCASTER...
BRUNO, J'AI UN APPEL RADIO ! PRENDS-LE... JE CONDUIS DÉJÀ DIFFICILEMENT AVEC TOUTE CETTE GLACE !...
BZZ !!!! BZ !!!
AAALLÔÔÔÔ ! ICI BRUNO DE L'ÉQUIPE USHUAÏA, J'ÉCOUUUTE...

AAAH!
GAWWWW
BRUNO ! PAS LE TEMPS DE RIRE, PASSE-MOI VITE VÉRO !
VÉROOO ! C'EST...
POUR TOI !!!
PAF
AÏE !!!
UN PEU PLUS TARD...
C'EST PAS POSSIBLE !... QUEL CARNAGE ! LES ASSASSINS !!!
PAW ! PAW !
DES COUPS DE FEU !... ÇA VIENT DE PAR LÀ !!!
ALLEZ, ON NE TRAÎNE PAS ! TUONS AUSSI LES PETITS !
MASSACREURS ! VOUS ALLEZ VOIR DE QUEL BOIS JE ME CHAUFFE !!!
TZAK
TIENS ! PRENDS ÇA !...

À LA GUERRE COMME À LA GUERRE !
BWOF
UNE DROITE POUR LES BONNES MANIÈRES !...
SPAF
...ET UNE GAUCHE POUR LES OURS !!!
POF
ET MAINTENANT, ON VA SE COUCHER !
SNAP
TU SAIS, MON GARS, UN BON MARIN A TOUJOURS SUR LUI DE QUOI FAIRE DES NŒUDS, HÉ HÉ !...
ÇA SUFFIT, MATELOT !
ON SE CALME ET ON REMET LE CAP !
RESTE TRANQUILLE, PETIT CHOU !
STOP À LA TUERIE ! IL Y A SUFFISAMMENT DE DÉGÂTS COMME CELA !
SAGE DÉCISION, MON JEUNE AMI ! À QUI AI-JE L'HONNEUR ?
À NICOLAS HULOT !
OUF ! J'AI EU CHAUD !
MON NOM NE VOUS DIRA RIEN ! ET JE PRÉFÈRE QUE NOUS EN RESTIONS LÀ !...

EN EFFET, JE NE VOUS CONNAIS PAS ! MAIS LAISSEZ-MOI AU MOINS ME PRÉSENTER ! L'ILLUSTRE IGOR POPOROV, ANCIEN SCIENTIFIQUE POLAIRE RECONVERTI DANS LA CHASSE AUX TROPHÉES...
... JE SUIS SPÉCIALISÉ DANS LA CHASSE AUX OURS ! BIEN PLUS LUCRATIVE QUE LA SCIENCE... MAIS, DITES-MOI... HULOT... ÇA RIME AVEC ÉCOLO ? N'EST-CE PAS ?
ÉCOLOGUE, S'IL VOUS PLAÎT ! NOUS SOMMES DES AMOUREUX DE LA NATURE ! RIEN À VOIR AVEC VOUS, EXTERMINATEUR !!!
CHUUUT, PETIT CHOU ! JE T'EN SUPPLIE ! NE L'ÉNERVE PAS PLUS QU'IL NE L'EST !
CE QUE JE REPRÉSENTE NE VOUS REGARDE PAS ! PAR CONTRE, VOTRE NOM ME DIT QUELQUE CHOSE ! N'AVEZ-VOUS PAS UN FRÈRE QUI A RÉCEMMENT DISPARU ?
EN EFFET...
MON FRÈRE PIOTR POPOROV S'EST ÉCRASÉ EN AVION IL Y A PEU !
LE PAUVRE... LE GENTIL PIOTR ! TOUJOURS MONTRÉ EN EXEMPLE !... CE SONT LES MEILLEURS QUI PARTENT LES PREMIERS !
...ET MOI, LE MAUVAIS, JE SUIS TOUJOURS LÀ ! MAIS SACHEZ, CHER NICOLAÏ, QUE LE PLUS GRAND DANGER POUR LES OURS, C'EST L'EXPLOITATION DU PÉTROLE ET DU GAZ DANS LE GRAND NORD...
... LES ÉMANATIONS QUI EN RÉSULTENT CONTRIBUENT À LA POLLUTION ATMOSPHÉRIQUE QUI ENTRAÎNE LA FONTE DES GLACES ! D'OÙ L'EXTINCTION DES OURS !... ALORS, LES TUER EN DÉPASSANT LE QUOTA PRÉVU...
Водочка!
!!
ATTENTION À VOUS !!!
EEEMM
AARH!

CE LÂCHE ALLAIT VOUS FRAPPER PAR-DERRIÈRE ! JE SUIS ARRIVÉ À TEMPS !
IL N'A QUE CE QU'IL MÉRITE ! JE NE SUPPORTE PAS LE PERSONNEL TROP ZÉLÉ !
MESSIEURS, IL N'EST DE BONNE COMPAGNIE QUI NE SE QUITTE... IL ME FAUT RETOURNER À MES OCCUPATIONS ! J'AI ENCORE BEAUCOUP À FAIRE !
VOILÀ POUR TES PRISES D'INITIATIVES PERSONNELLES !
SPAFF
Y'A PAS À DIRE ! POUR RÉCOLTER DES COUPS, IL EST CHAMPION, L'GROS ! HÉHÉ !
CHUT, PETIT CHOU ! CHUUUUT...
ALLEZ, ON Y VA !
EMBARQUEZ-MOI CES DÉPOUILLES D'OURS, ON S'OCCUPERA DE LEURS FOURRURES UN PEU PLUS TARD ! QUANT À VOUS, CHER NICOLAÏ, JE NE SERAI PAS AUSSI MAGNANIME LA PROCHAINE FOIS !...
MES AMIS, JE RESTE IMPUISSANT FACE À DE TELS AGISSEMENTS, MAIS JE NE COMPTE PAS EN RESTER LÀ ! À MON RETOUR, J'AVERTIRAI ATANEQ DE LA SITUATION. AKIAK, PEUX-TU RAMENER YAZID ET RICKY AU CAMP ?
QUANT À TOI, PETIT CHOU, TON COMPORTEMENT EST INACCEPTABLE ! TU AS MIS L'ÉQUIPE EN DANGER ET CELA AURAIT PU MAL FINIR !
HUM ! HUM !
VÉRO ! TON ŒIL ?!! QUE S'EST-IL PASSÉ ?... TU DOIS MONTRER ÇA À BRUNO !
OUI, BONNE IDÉE ! BRUNOOO...

FOI DE PETIT CHOU, ÇA VA ENCORE ÊTRE MA FÊTE !
RHHRHHRHH
HEU... NICOLAS ! NOUS AVONS UN GROS PROBLÈME... LE SKIDOO EST EN PANNE !
QUOI ?!! AVEC LA TEMPÊTE QUI SE PRÉPARE ! 'FAUT PAS COMPTER SUR UNE DÉPANNEUSE ICI !
BON ! DANS L'IMMÉDIAT, PENSONS À NOTRE SURVIE !
J'AI LAISSÉ MON BALLON À QUELQUES KILOMÈTRES D'ICI... LA MEILLEURE SOLUTION C'EST D'Y RETOURNER, MA RADIO SE TROUVE À BORD...
ALORS FAISONS VITE ! SINON IL Y A PEU DE CHANCES D'Y PARVENIR !
C'EST QUAND ON N'A PLUS D'ESPOIR QU'IL NE FAUT DÉSESPÉRER DE RIEN, PETIT CHOU ! ALLEZ... COURAGE !
NICOLAS, ES-TU SÛR DE T'ÊTRE POSÉ DANS CETTE DIRECTION ?
AVEC TOUTE CETTE NEIGE, IMPOSSIBLE DE ME REPÉRER ! JE NE SAIS PLUS !
C'EST DE PIRE EN PIRE ! ON N'Y VOIT PLUS À DIX MÈTRES !...
NICOLAS ! ATTENDS-MOI !!!
NICOLAS ! NICOLAAS !
PAS DE RÉPONSE ! LE VENT COUVRE MA VOIX !
JE NE LE VOIS PLUS !... IL N'Y A PLUS QU'UNE CHOSE À FAIRE... CONTINUER SEUL...

ET EN PLUS J'AI PERDU PETIT CHOU DANS CETTE FICHUE TEMPÊTE !...
BON SANG ! CE FROID QUI PÉNÈTRE LES OS !!!
LÀ-BAS... UNE FORME... C'EST...
... C'EST UN HOMME ! JE SUIS SAUVÉ !!!
HÉ HO ! PAR ICI !... À L'AIDE !!!
IL NE M'ENTEND PAS ! LE BRUIT DU VENT EST TROP FORT PAR ICI !... JE...
NON !!! C'EST PAS VRAI ! HAAAAAAAA !!!

?!!
AAAA
BROUFFF
HOULÀ !... JE SUIS TOMBÉ DANS UNE CREVASSE ! QUELLE CHUTE, MES AMIS !
TIENS... JE CROIS QUE JE NE SUIS PAS LE SEUL !...
SOIT JE SUIS DANS LA RÉSERVE D'UN MAGASIN DE PELUCHES, SOIT CES DEUX-LÀ SONT DANS LA MÊME SITUATION QUE MOI !
COURAGE, LES PETITS, TONTON NICOLAS VA VITE TROUVER LA SORTIE !...
JE COMPRENDS MIEUX L'AGRESSIVITÉ DE LEUR MÈRE INQUIÈTE ! VOILÀ POURQUOI ELLE ME SUIT DEPUIS UN MOMENT ! SANS DOUTE VOULAIT-ELLE ME MENER ICI...
TIENS ? UNE PORTE MÉTALLIQUE, ICI ?!?.

IMPOSSIBLE DE L'OUVRIR !
IL FAUDRAIT APPELER OBÉLIX !
POFF
HAN !
...OU JACKIE CHAN!!!
BOM
'MANQUERAIT PLUS QUE JE DÉCLENCHE UNE AVALANCHE, AVEC ÇA !...
GAGNÉ !!!
BROUFF
BON... SI JE COMPRENDS BIEN, ME VOILÀ JOUANT LES BABY-SITTER AVEC DEUX OURSONS, COINCÉ DANS LE FUSELAGE D'UN AVION... ENFOUI À PLUSIEURS MÈTRES SOUS LA NEIGE... TOUT VA BIEN !
CET ENGIN S'EST ÉCRASÉ DEPUIS PEU... IL EST D'ORIGINE SOVIÉTIQUE ET PAS DE PREMIÈRE JEUNESSE ! UNE VRAIE ANTIQUITÉ !...
vodka ВОДКА
...ET IL S'EST PASSÉ QUELQUE CHOSE DE DRAMATIQUE ICI !
NON LOIN DE LÀ...
NICOLAS NICOLAAAS !
VOICI PLUS D'UNE HEURE QUE JE LE CHERCHE ! IL NE S'EST TOUT DE MÊME PAS VOLATILISÉ !...
AKIAK ! MAIS... COMMENT EST-CE POSSIBLE ?!...
EN VOYANT LA TEMPÊTE ARRIVER, JE SUIS REVENU SUR MES PAS ! TU AS DEVANT TOI L'UN DES MEILLEURS PISTEURS INUITS ! J'AI PROMIS DE VEILLER SUR VOUS, JE SUIS VOTRE ANGE GARDIEN...

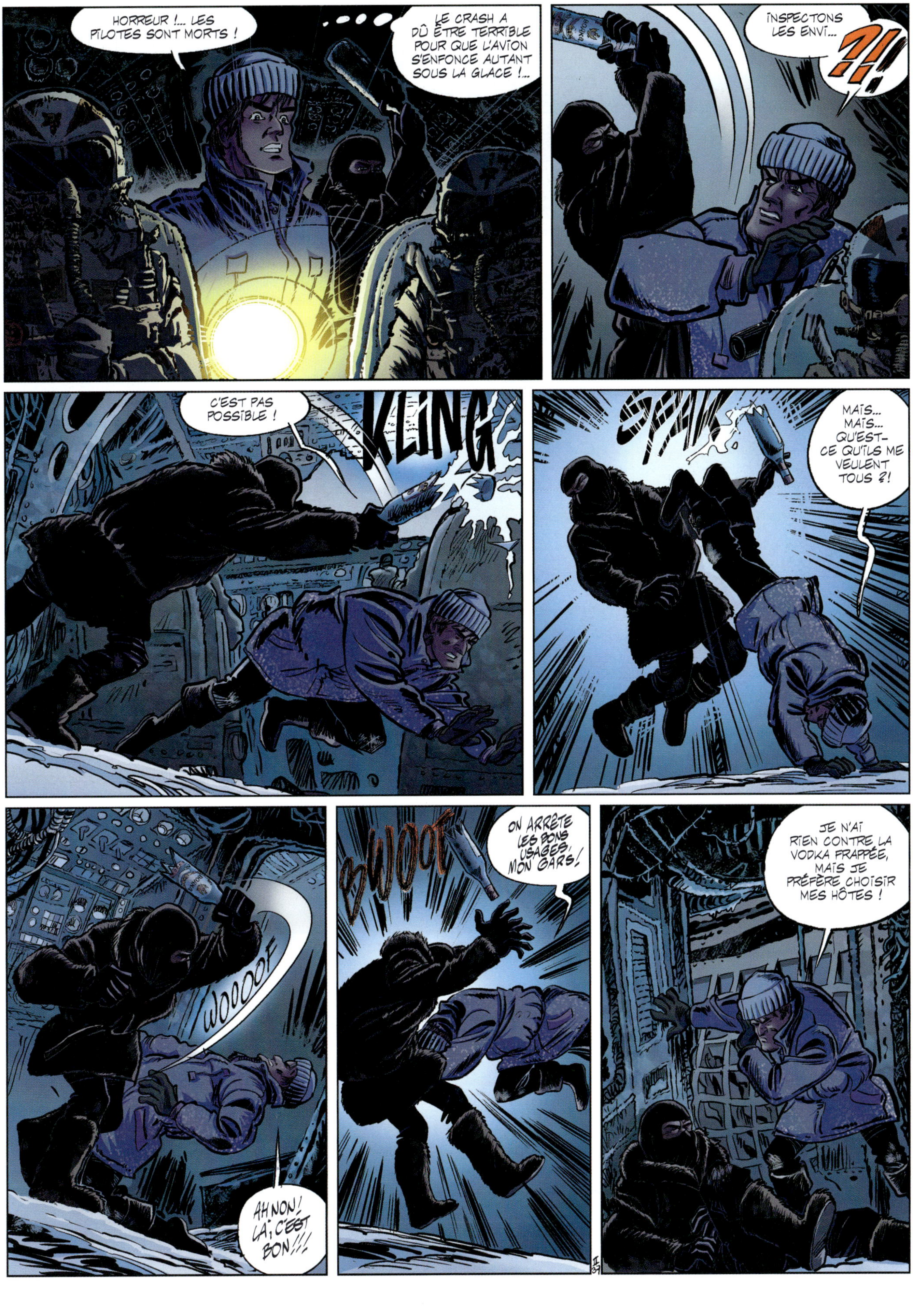
HORREUR !... LES PILOTES SONT MORTS !
LE CRASH A DÛ ÊTRE TERRIBLE POUR QUE L'AVION S'ENFONCE AUTANT SOUS LA GLACE !...
INSPECTONS LES ENVI...
?!
C'EST PAS POSSIBLE !
KLING
MAIS... MAIS... QU'EST-CE QU'ILS ME VEULENT TOUS ?!
WOOOOF
AH NON ! LÀ, C'EST BON !!!
BWOOT
ON ARRÊTE LES BONS USAGES, MON GARS !
JE N'AI RIEN CONTRE LA VODKA FRAPPÉE, MAIS JE PRÉFÈRE CHOISIR MES HÔTES !

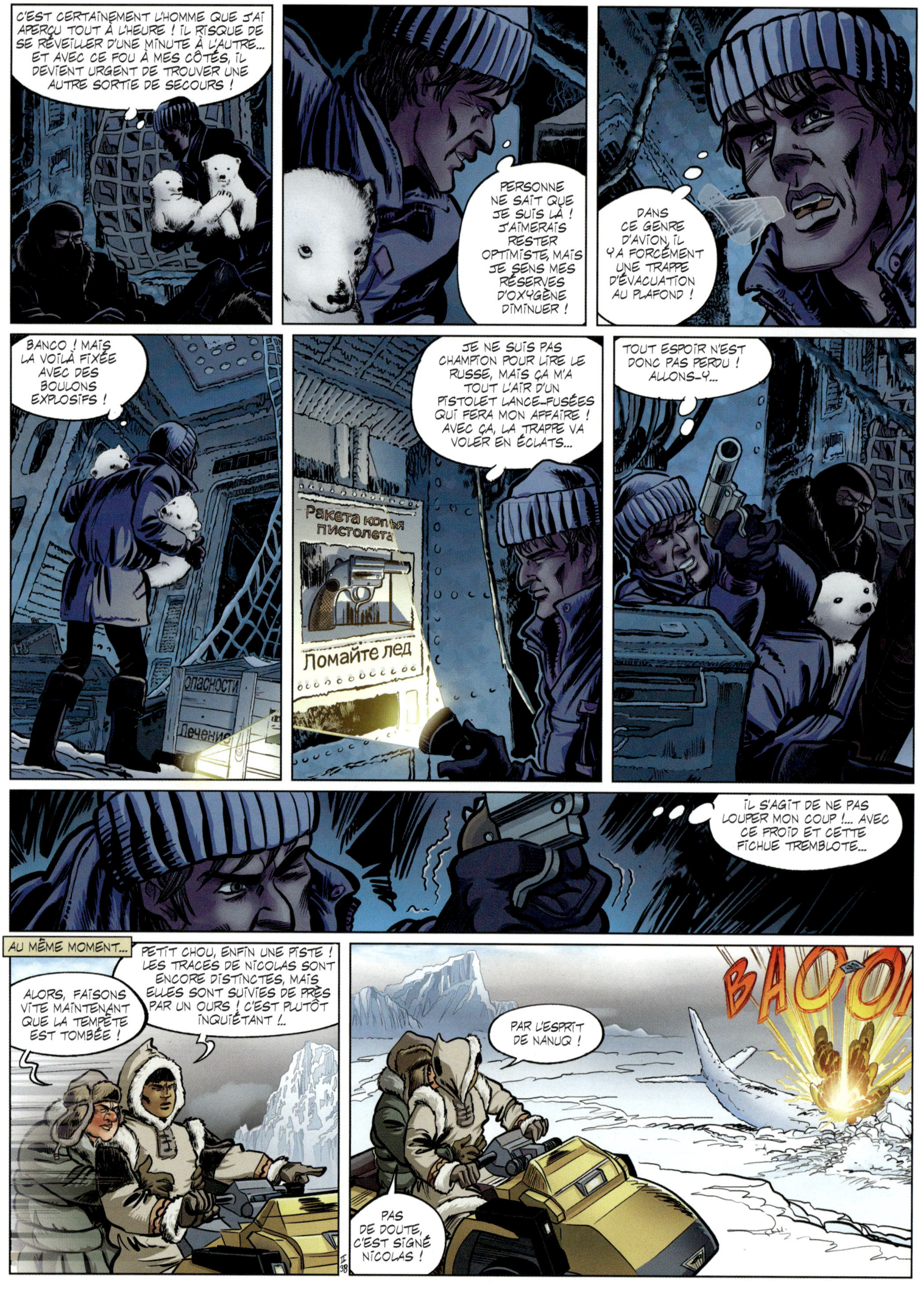

C'EST CERTAINEMENT L'HOMME QUE J'AI APERÇU TOUT À L'HEURE ! IL RISQUE DE SE RÉVEILLER D'UNE MINUTE À L'AUTRE... ET AVEC CE FOU À MES CÔTÉS, IL DEVIENT URGENT DE TROUVER UNE AUTRE SORTIE DE SECOURS !
PERSONNE NE SAIT QUE JE SUIS LÀ ! J'AIMERAIS RESTER OPTIMISTE, MAIS JE SENS MES RÉSERVES D'OXYGÈNE DIMINUER !
DANS CE GENRE D'AVION, IL Y A FORCÉMENT UNE TRAPPE D'ÉVACUATION AU PLAFOND !
BANCO ! MAIS LA VOILÀ FIXÉE AVEC DES BOULONS EXPLOSIFS !
ОПАСНОСТИ
Лечения
JE NE SUIS PAS CHAMPION POUR LIRE LE RUSSE, MAIS ÇA M'A TOUT L'AIR D'UN PISTOLET LANCE-FUSÉES QUI FERA MON AFFAIRE ! AVEC ÇA, LA TRAPPE VA VOLER EN ÉCLATS...
Ракета копья пистолета
Ломайте лед
TOUT ESPOIR N'EST DONC PAS PERDU ! ALLONS-Y...
IL S'AGIT DE NE PAS LOUPER MON COUP !... AVEC CE FROID ET CETTE FICHUE TREMBLOTE...
AU MÊME MOMENT...
PETIT CHOU, ENFIN UNE PISTE ! LES TRACES DE NICOLAS SONT ENCORE DISTINCTES, MAIS ELLES SONT SUIVIES DE PRÈS PAR UN OURS ! C'EST PLUTÔT INQUIÉTANT !...
ALORS, FAISONS VITE MAINTENANT QUE LA TEMPÊTE EST TOMBÉE !
BAOOM
PAR L'ESPRIT DE NANUQ !
PAS DE DOUTE, C'EST SIGNÉ NICOLAS !

RIEN DE CASSÉ, NICOLAS ?!...
TU NOUS AS FAIT UNE DE CES FRAYEURS !
SI TU SAVAIS, PETIT CHOU !...
REGARDEZ UN PEU CE QUE JE RAMÈNE AVEC MOI !
ET J'AI AUSSI UNE SURPRISE DE TAILLE !
QUELQUES MINUTES APRÈS...
MAIS QUI C'EST, CE CAGOULÉ ?
ATTENTION ! C'EST PEUT-ÊTRE LE DIABLE ?
SOIS RASSURÉ, JE NE SUIS PAS LE DÉMON, MAIS...
¡IGOR POPOROV!!!
NON, JE SUIS PIOTR POPOROV.
LE JUMEAU SCIENTIFIQUE ! MAIS QUE FAITES-VOUS LÀ ?!?
JE SUIS LE SEUL SURVIVANT DE CE CRASH ET JE SAIS QU'IL NE S'AGIT PAS D'UN ACCIDENT ! DEPUIS, JE SURVIS PAR MES PROPRES MOYENS, GRÂCE AUX VIVRES CONTENUS DANS LES CAISSES... ALORS, EN VOUS VOYANT DANS LA PÉNOMBRE, J'AI CRU QUE C'ÉTAIT LUI QUI REVENAIT POUR ME TUER !...
LUI ?... MAIS QUI EN VEUT À CE POINT À VOTRE VIE ?
MON FRÈRE, ¡GOR POPOROV ! JE ME RENDAIS AU GRAND CONGRÈS INTERNATIONAL SUR LA PRÉSERVATION DES OURS POLAIRES AU CANADA, AVEC UN PROJET DE LOI SUR LE POINT D'ÊTRE ACCEPTÉ...
...ET LUI, AU CONTRAIRE, ORGANISAIT DES MASSACRES D'OURS POUR DES ACHETEURS FORTUNÉS, UN BUT BIEN PLUS LUCRATIF... FORCÉMENT, JE DEVENAIS GÊNANT !...

(1) SOUFFLE. (2) DÉMONS.

UN PEU PLUS TARD...
CAMARADES, ÉVITEZ D'ABÎMER SA FOURRURE ! GARDEZ-LA EN VIE, C'EST UN BEAU SPÉCIMEN ! VIVANTE, ELLE VA NOUS RAPPORTER GROS !...
REGARDEZ ! JUSTE AU BON MOMENT !
C'EST CERTAINEMENT LA MÈRE DES DEUX PETITS !
ENFIN UN PEU D'ACTION, JE COMMENÇAIS À ME ROUILLER !
MÊME DANS L'ENDROIT LE PLUS RECULÉ DE LA PLANÈTE, IL FAUT QU'IL Y AIT DES GÊNEURS QUI ME GÂCHENT LA FÊTE !
DÉMON ! SI TU SAVAIS CE QUE MON PEUPLE ENDURE À CAUSE DE TOI !... LES ESPRITS DE LA GUERRE SONT AVEC MOI ! FINISSONS-EN !...
LES PAROLES DE MON GRAND-PÈRE SONT ACCOMPAGNÉES DE POUVOIRS ! ET...
... JE SAIS, IL EST CHAMAN ! VOUS VIVEZ DANS LA PEUR CONSTANTE DES FORCES INVISIBLES DE VOS ESPRITS ET DE VOS VISIONS ! BALIVERNES QUE TOUT ÇA ! MOI, JE NE CROIS QU'À UNE SEULE CHOSE, À L'ARGENT !!!
MÉFIE-TOI, ATANEQ ! IL N'HÉSITERA PAS UNE SEULE SECONDE À FAIRE FEU !
TU ES VIVANT ?!!
MON FRÈRE, PAUVRE DE TOI ! CETTE FOIS, C'EST VRAIMENT LA FIN !
JE T'ENVOIE DANS L'AUTRE MONDE !...
BLAM
!?!
NON ! AAHH !
NOOON ! AKIAK !!!

NON, ATANEQ ! C'EST MON FRÈRE, C'EST À MOI DE M'EN CHARGER !
VOUS AVEZ TIRÉ SUR UN ENFANT !
VOUS ÊTES UNE CRAPULE DOUBLÉE D'UN LÂCHE ! UN PAUVRE FOU !!!
OUI, CHER NICOLAÏ ! UN FOU FURIEUX QUI EN A ASSEZ DE PERDRE SON TEMPS ! MAINTENANT, BAISSEZ TOUS VOS ARMES !
CE COUP SANGLANT NE FERA PAS LA UNE DES QUOTIDIENS !
VOUS DISPARAÎTREZ TOUS, SANS LAISSER DE TRACE !... VOILÀ UN PROGRAMME SÉDUISANT !!!
IGOR, CES GENS N'Y SONT POUR RIEN ! C'EST ENTRE TOI ET MOI, TU LE SAIS BIEN...
C'EST UN CAUCHEMAR !
RICKY DEVRAIT DÉJÀ ÊTRE LÀ !
TU CONNAISSAIS MES OBJECTIFS, ET TOI, MON FRÈRE, TU AS PRÉFÉRÉ TE METTRE EN TRAVERS DE MON CHEMIN...
DUG DUG DUG DUG DUG DUG DUG
L'HÉLICO ! ENFIN CE SONT EUX ! NOUS SOMMES SAUVÉS !
ICI, BOB HARRISON, AGENT FÉDÉRAL DES AUTORITÉS CANADIENNES ! IGOR POPOROV, VOUS ÊTES EN ÉTAT D'ARRESTATION !
LES RATS QUITTENT LE NAVIRE, DIRAIT-ON !
LE GRAND ESPRIT NOUS A ENTENDUS !
HA ! CETTE FICHUE POLICE ! TOUJOURS LÀ QUAND ON NE L'ATTEND PAS !

VISIBLEMENT J'ARRIVE À TEMPS ! HELLO, NICOLAS ! HAHAHA !...
ET EN PLUS C'EST UN AMI À VOUS QUI VIENT À LA RESCOUSSE ! COMME C'EST TOUCHANT !
ÇA NE M'EMPÊCHERA PAS DE VOUS EXPÉDIER EN ENFER ! HA HA...
HGG...
RRHAAAAHH !
BRAVO ! CE FUT UN COUP DE MAÎTRE !
VOUS EN ÊTES UN AUTRE, MON CHER !
BIEN JOUÉ, LES AMIS !
AVEC CETTE INJECTION DE SOPORIFIQUE, LE VOICI CALMÉ ! ON VA ÊTRE TRANQUILLES PENDANT UN BON MOMENT...
LIGOTÉ COMME IL EST, IL EST MOINS EFFRAYANT ! HA HA !...
UN PEU PLUS TARD...
NE T'INQUIÈTE PAS, ATANEQ, LA BLESSURE EST SUPERFICIELLE ! AKIAK SE REMETTRA BIEN VITE SUR PIED ET TE SECONDERA POUR PRÉSERVER L'ESPÈCE DE NANUQ !...
NICOLAS, COMMENT TE REMERCIER ?
POLICE
DOUCEMENT... IL NE FAUT PAS L'EFFRAYER...
REPRENDS TA PROGÉNITURE, MA BELLE, ET LA PROCHAINE FOIS, FAIS EN SORTE QU'ELLE NE T'ÉCHAPPE PLUS !
TONTON NICOLAS NE SERA PAS TOUJOURS LÀ...
J'EN AURAIS BIEN GARDÉ UN POUR FAIRE DODO AVEC, MOI !

ALORS, NICOLAS, TOUJOURS EMBARQUÉ DANS DES AVENTURES INCROYABLES ! HA ! HA !
IL SERAIT PEUT-ÊTRE TEMPS D'APPRENDRE À SE CONNAÎTRE ET À SE RESPECTER ENFIN !
ADIEU, NANUQ...
POLICE
ET LE PLUS SOUVENT EN BIEN MAUVAISE POSTURE, I SEE ! TU N'AS PAS CHANGÉ, TOUJOURS LA MÊME COUPE DE CHEVEUX DEPUIS LE LYCÉE DE ST-JEAN ! HA HA HA !...
ET TOI, TOUJOURS PAS FICHU DE PARLER FRANÇAIS !!!
YOUR FRIEND RICKY M'A BIEN TRANSMIS TON MESSAGE ! J'AI TOUT DE SUITE RECONNU TA SIGNATURE ! TU N'AS DONC PAS OUBLIÉ NOTRE CODE DEPUIS TOUT CE TEMPS...
SOS
NICO
FINALEMENT, LE HASARD FAIT BIEN LES CHOSES ! C'EST UN GROS POISSON QUE NOUS VENONS D'ATTRAPER ! CET IGOR POPOROV, RECHERCHÉ PAR NOS SERVICES, ARRIVAIT TOUJOURS À PASSER ENTRE LES MAILLES DU FILET !
BELLE PRISE ALORS ! GRÂCE À TON INTERVENTION RAPIDE, LE PIRE A ÉTÉ ÉVITÉ AVEC LE PEUPLE INUIT ! MAIS LAISSE-MOI TE PRÉSENTER UNE PARTIE DE MA FINE ÉQUIPE...
HA ! HA ! YES, LES ROIS DE LA SERINGUE ! HA HA !
VOICI BRUNO, NOTRE MÉDECIN !
PETIT CHOU, L'HOMME QUI FAIT TOUT DE SES DIX DOIGTS, YAZID, NOTRE RESPONSABLE DE PRODUCTION, DIT "LE DÉPATOUILLEUR" !
ET VÉRONIQUE, MON ASSISTANTE, LA SEULE FILLE DE L'ÉQUIPE...
YOU'RE VERY CHARMING ! SI VOUS VOULEZ FAIRE UN TOUR DANS MON HÉLICOPTÈRE...
...HUM HUM... ET VOICI PIOTR POPOROV... C'EST UN MIRACULÉ, IL FAUT PRENDRE SOIN DE LUI ! IGOR POPOROV EST SON FRÈRE. IL VA TOUT T'EXPLIQUER...
J'AI TOUTES LES PREUVES DE SA CULPABILITÉ ! JE DEVAIS ME RENDRE IL Y A QUELQUES JOURS À UN CONGRÈS SUR LA PRÉSERVATION DES OURS POLAIRES ET DÉNONCER SES AGISSEMENTS. MAIS IL A SABOTÉ MON AVION QUI S'EST ÉCRASÉ AU BEAU MILIEU DE L'ARCTIQUE ! MES DOSSIERS ACCABLANTS SONT RESTÉS DEDANS...
ALLONS LES CHERCHER DE SUITE ET METTONS CET IGNOBLE INDIVIDU SOUS LES VERROUS ! TOUT SE TERMINE FINALEMENT BIEN, HA HA ! COMME AU BON VIEUX TEMPS ! HEIN, NICOLAS !...
OUCH !

(1)HOMME. (2)EUROPÉEN.

YAZID, PAS DE TEMPS MORT ! IL RESTE ENCORE PAS MAL D'IMAGES À METTRE EN BOÎTE ! DENIS, À TOI LA SCÈNE AVEC NICOLAS, VITE... MOTEUR !
NON, GIL ! LAISSONS-LUI CE MOMENT INOUBLIABLE ! ON FILMERA LES NARVALS UN PEU PLUS TARD...
BRUNO ! TANT QUE J'Y PENSE, RACONTE-NOUS POURQUOI ON TE NOMME LE DOCTEUR PIQUE-TOUTES...
HEU ! OUI...
HEU... QUAND J'AI DÉBUTÉ EN TANT QUE MÉDECIN SUR PARIS, MA PREMIÈRE PIQÛRE FUT POUR UNE GRANDE ACTRICE, MARTHE KELLER ! J'ÉTAIS TELLEMENT INTIMIDÉ QUE MA SERINGUE M'A ÉCHAPPÉ ET S'EST PLANTÉE AU PLAFOND ! J'AI DÛ M'Y PRENDRE À PLUSIEURS FOIS POUR LA PIQUER !
MÊME QU'ELLE A PRIS ÇA POUR DE LA GOURMANDISE !
WOUAAAH AHAHAHAHA OUHOUHOUHA !
CE BALLET INCESSANT DE NARVALS... QUEL PRIVILÈGE !
QUEL SPECTACLE FABULEUX...
...QUOIQU'UN PEU TROUBLÉ PAR LE RIRE SONORE DE PETIT CHOU !
REGARDEZ, FACE À VOUS ! NANUQ !!!
LA MÈRE OURS ET SES PETITS !
ELLE EST VENUE VOUS DIRE ADIEU !
UN TERRITOIRE PARTAGÉ EN HARMONIE PAR CETTE FAUNE SAUVAGE, ÇA FORCE L'ADMIRATION... À NOUS DE PRÉSERVER CE PRÉCIEUX CAPITAL NATUREL, À NOUS AUSSI DE TÉMOIGNER DE LA BEAUTÉ DE CETTE VIE EN SURSIS... MERCI, LES AMIS...
FIN de l'épisode
DESSIN : CURD RIDEL SCÉNARIO : PASCAL BRESSON
COULEUR : PIERRE SCHELLE & SANDRINE FRICOT
30 OCT 2010